Lecciones de lenguaje
Lectura
Nivel elemental

de Imogene Forte

Incentive Publications, Inc.
Nashville, Tennessee

Ilustraciones de Gayle S. Harvey
Arte de la portada de Rebecca Rüegger
Traducción de Interlang Translating Services, Nashville, Tennessee

ISBN 0-86530-578-1

IMPRESO EN LOS ESTADOS UNIDOS DE AMÉRICA
www.incentivepublications.com

La tabla de contenido

Habilidades en el reconocimiento y uso de las palabras 11

Habilidades de comprensión y lectura independiente 43

El apéndice 75

Cómo utilizar este libro

La alfabetización es un importante marco de referencia en la educación de los estudiantes en las aulas de hoy. Si no se sabe leer, escribir y escuchar, el proceso de aprendizaje se convertirá en algo progresivamente difícil, y los obstáculos y las limitaciones a cualquier logro académicos se acumularán y solidificarán con el pasar del tiempo.

En el mundo de hoy, tan saturado de información y dependiente de la tecnología, es particularmente importante para los niños ganar y utilizar en forma significativa las habilidades y conocimientos asociados a la alfabetización, a una temprana edad. El éxito en estudios de alto contenido como los de las matemáticas, los estudios sociales y las ciencias, y aún en los campos de la ilustración, incluyendo el arte, la música y la literatura, depende principalmente del nivel de alfabetización. Con un sólido conocimiento del lenguaje, el futuro académico de los estudiantes tendrá menos limitaciones, y sus metas, expectativas y sueños personales tendrán una mejor oportunidad de tornarse en realidad. Precisamente por la importancia de alcanzar un alto grado de alfabetización para todos los estudiantes es que la Serie de lecciones de lenguaje (Language Literacy Lessons Series) fue desarrollada.

Propósito de las *Lecciones de lenguaje: El manual de Lectura, Nivel elemental* cumple con ayudar a los estudiantes a alcanzar sus metas de alfabetización mediante el refuerzo de habilidades y conocimientos claves en el uso del lenguaje. Los ejercicios en este libro han sido concebidos para permitir a los estudiantes practicar sus habilidades y conocimientos esenciales de lectura. Una lista de dichas habilidades y conocimientos, en la página 10, desglosa las habilidades y conocimientos tratados. Dicha lista ha sido cuidadosamente compilada como resultado de investigaciones relacionadas con el lenguaje, y las habilidades y conocimientos específicos asociados a cada lección guardan relación con las edades más apropiadas a los diversos niveles de alfabetización.

Mediante el uso de las lecciones de este libro, los estudiantes mejorarán sus habilidades y conocimientos personales relacionados con el uso del lenguaje ¡mientras avanzan para satisfacer los estándares nacionales! Para ayudar en la planificación de las lecciones, una matriz muy fácil de usar, reproducida en las páginas 8 y 9, presenta las correlaciones establecidas en los National Language Arts Standards (estándares nacionales en el uso del lenguaje), correspondientes a cada lección del libro.

No sólo se relacionan los ejercicios con las habilidades y conocimientos esenciales en el uso del lenguaje y con los National Language Arts Standards, sino que también son imaginativos y, por sus características, se demostrarán divertidos y muy interesantes para los estudiantes. La creatividad de los ejercicios se pondrá de manifiesto mediante la incorporación de situaciones interesantes acerca de las cuales escribir, así como de encantadoras ilustraciones destinadas a inspirar las respuestas de los estudiantes.

Mientras mejoran las habilidades y conocimientos en el uso del lenguaje, será evidente un mayor progreso escolástico, entre los estudiantes. El desarrollo de las habilidades y conocimientos en el uso del lenguaje permitirá a los estudiantes alcanzar metas realizables, de acuerdo a sus intereses, y embarcarse en una jornada por el mundo del conocimiento ¡que durará toda la vida!

La matriz de niveles

Nivel	Página con ejercicio
Nivel 1: Los estudiantes leen una amplia gama de textos impresos y no impresos, a fin de mejorar su comprensión de dichos textos, de sí mismos, y de las culturas de los Estados Unidos y el mundo, y así poder adquirir nueva información, responder a las necesidades y demandas de la sociedad y el mundo del trabajo, y para su satisfacción personal. Entre estos textos hay textos de ficción y no literarios, textos clásicos y contemporáneos.	12, 30, 31, 38, 39, 40 53, 73
Nivel 2: Los estudiantes leen una amplia gama de géneros literarios de varios períodos, a fin de aumentar su comprensión de las muchas dimensiones (por ejemplo, las filosóficas, éticas, estéticas) de la experiencia humana.	41, 51, 52
Nivel 3: Los estudiantes aplican una amplia gama de estrategias para comprender, interpretar, evaluar y apreciar los textos. Aprovechan sus experiencias anteriores, su interacción con otros lectores y escritores, su conocimiento del significado de las palabras y de otros textos, sus estrategias de identificación, y su comprensión de las características de los textos (por ejemplo, la relación entre sonidos y las letras del alfabeto, la estructura de las frases, el contexto, los elementos gráficos).	13, 15, 44, 60, 62, 64
Nivel 4: Los estudiantes ajustan su uso del lenguaje hablado, escrito y visual (por ejemplo, las convenciones, el estilo, el vocabulario) para comunicar efectivamente con una variedad de audiencias y diversidad de propósitos.	20, 21, 22, 42
Nivel 5: Los estudiantes emplean una amplia gama de estrategias al escribir, y saben utilizar correctamente diversos elementos en su proceso de redacción, a fin de comunicarse efectivamente con varios tipos de audiencias y diversidad de propósitos.	23, 45, 57
Nivel 6: Los estudiantes aplican sus conocimientos de la estructura y las convenciones del lenguaje (por ejemplo, la ortografía y la puntuación), las técnicas del medio, el lenguaje figurativo y el género, a fin de crear, criticar y poder discutir textos impresos y no impresos.	14, 16, 17, 18, 19, 24, 25, 26, 27

Standards for the English Language Arts, por la International Reading Association y el National Council of Teachers of English, Copyright 1996 de la International Reading Association y el National Council of Teachers of English. Reimpresión autorizada.

La matriz de niveles

Nivel	Página con ejercicio
Nivel 7: Los estudiantes investigan cuestiones e intereses, generando ideas y preguntas, y planteando problemas. Captan, evalúan y sintetizan datos procedentes de una variedad de fuentes (por ejemplo, textos impresos y no impresos, artefactos, gente) para informar acerca de sus hallazgos en forma conveniente a sus propósitos y adecuada a su audiencia.	32, 37, 54, 58, 59, 69, 71
Nivel 8: Los estudiantes utilizan una variedad de recursos tecnológicos e informativos (por ejemplo, bibliotecas, bancos de datos, redes informáticas, grabaciones en video) para captar y sintetizar información, y formular y comunicar conocimientos.	47, 48, 49, 61, 70
Nivel 9: Los estudiantes desarrollan un conocimiento y respeto por la diversidad en el uso y patrones del lenguaje, así como de los dialectos entre las culturas, etnias, regiones geográficas y posiciones sociales.	33, 68, 65, 72
Nivel 10: Los estudiantes cuya lengua materna no es el inglés hacen uso de ese primer idioma para desarrollar sus habilidades y conocimientos en la utilización del inglés e incrementar la comprensión de su contenido a lo largo de su programa de estudios.	Todos
Nivel 11: Los estudiantes participan como miembros conocedores, reflexivos, creativos y críticos en una variedad de comunidades literarias.	46, 50, 74, 76
Nivel 12: Los estudiantes utilizan la palabra hablada, escrita y visual para lograr sus propósitos (por ejemplo, aprender, disfrutar o distraerse, persuadir e intercambiar información).	28, 29, 63, 66, 67

Standards for the English Language Arts, por la International Reading Association y el National Council of Teachers of English, Copyright 1996 de la International Reading Association y el National Council of Teachers of English. Reimpresión autorizada.

La lista de control de las habilidades y conocimientos

	Habilidad	Página
	Demuestra discernimiento visual	12, 13
	Sabe pluralizar palabras	14
	Reconoce los sonidos	15, 16
	Conoce las combinaciones de consonantes	17, 18
	Sabe utilizar la fonética	19
	Reconoce la rima en las palabras	20, 21, 22
	Conoce las reglas para la formación de sílabas	23
	Conoce y sabe usar los prefijos y sufijos	24
	Sabe colocar acentos	26
	Sabe usar palabras compuestas	27
	Puede interpretar las palabras en plural	28, 29
	Sabe usar el vocabulario visual	30
	Sabe usar las sugerencias gráficas	31
	Conoce y sabe usar jeroglíficos y adivinanzas	32
	Sabe usar los indicios del contexto	33
	Sabe definir las palabras, según su clasificación	34, 35, 36
	Reconoce y sabe utilizar homónimos	37
	Puede interpretar y transmitir los significados de una serie de palabras familiares	38
	Sabe reconocer la relación entre palabras	39
	Sabe usar palabras descriptivas	40, 41, 42
	Sabe asociar las palabras con los sentimientos	44
	Sabe formar impresiones sensoriales	45, 46
	Sabe utilizar las asociaciones entre ilustraciones e ideas	47
	Sabe recordar información leída y seleccionar elementos a recordar	48
	Es capaz de recordar detalles de ilustraciones	49
	Sabe distinguir entre hechos y opiniones	50
	Sabe captar la idea esencial	51
	Sabe identificar las frases relacionadas con un tema	52
	Sabe leer para descubrir detalles	53, 54
	Sabe arreglar ideas o eventos en sucesión	55
	Sabe sacar conclusiones	56, 57, 58
	Sabe distinguir entre causa y efecto	59, 60
	Sabe utilizar el diccionario	61
	Orden alfabético	62
	Sabe determinar qué fuente de referencia utilizar, y es capaz de emplear varios recursos	63, 71
	Entiende bien y sabe utilizar la puntuación correctamente	64
	Es capaz de seguir instrucciones escritas	65, 66, 67, 68, 69
	Sabe sacar apuntes de una lectura	70
	Está desarrollando el gusto por la lectura y su independencia de criterios	72

Habilidades en el reconocimiento y uso de las palabras

Viviendas diferentes para gente diferente

Jones, el carpintero, construyó estas dos casas para la familia Johnson y la familia Jackson. Las señoras Jackson y Johnson son amigas de toda la vida, y quisieron que sus casas fueran idénticas.

A pesar de que el Sr. Jones siempre se ha enorgullecido en fabricar viviendas únicas y exclusivas, accedió a construir estas dos casas iguales. Sin embargo, como el hombre es animal de costumbres, las señoras Jackson y Johnson encontraron diez diferencias entre las dos casas. Cuando las dos damas señalaron estas diferencias al Sr. Jones, meneó la cabeza y sólo acertó a decir: 'Bueno, ¡yo nunca quise fabricar dos casas iguales, de todos modos!'

Encuentra y **dibuja un círculo** alrededor de las diez diferencias en las casas de estas dos familias.

Agrega tres detalles adicionales exactamente **iguales**, así como tres detalles **diferentes**, a ambas casas.

Nombre: _____

Fecha: _____

Demostración del discernimiento visual

Lecciones de lenguaje / Lectura—Nivel elemental
Copyright ©2003 de Incentive Publications, Inc.
Nashville, TN.

Pájaros en la maleza

Los pájaros del Parque del mundo de aves se han escondido.

Marca tu tiempo para ubicar y dibujar un círculo alrededor de 25 pájaros.

Empieza a marcar tu tiempo.

Cinco miembros de una familia de pájaros se separaron durante una frenética búsqueda de lugares donde esconderse.

Encuentra y colorea los cinco pájaros pertenecientes a una misma familia. *(Sugerencia: tendrás que usar tu barrita de colores o lápiz azul para colorear.)*

Agrega a la ilustración un nido bien escondido, para ser usado por la familia de pájaros.

Nombre: _____   Fecha: _____   13

Demostración de discernimiento visual

La conversión al plural

Bonita necesita ayuda en terminar sus tareas escolares. Tiene que cambiar todas las palabras en singular por su forma en plural.

Lee las instrucciones para ayudar a Bonita a terminar su tarea escolar.

Convierte al plural, según corresponda.

1. Nota _____   7. Trozo _____   13. Alfombra_____

2. Loco _____   8. Pan _____   14. Cachorro_____

3. Fin _____   9. Pájaro _____   15. Anaquel _____

4. Ají _____   10. Escolar_____   16. Lata _____

5. Yo _____   11. Mamá _____   17. Abrazo _____

6. El _____   12. Corte _____   18. Gordo _____

Selecciona una de estas combinaciones de palabras para su uso en la redacción de frases.

Escribe una frase, utilizando una palabra en singular y una segunda frase, utilizando la misma palabra, en su forma plural.

_____

_____

_____

_____

Fecha: _____

Palabras en singular y en plural

Lecciones de lenguaje / Lectura—Nivel elemental
Copyright ©2003 de Incentive Publications, Inc.
Nashville, TN.

Bufonadas del alfabeto

Amo y Anita habían estado planeando una excursión al parque durante días. ¿Quién iba a esperarse una tempestad?

"Bueno," comentaron, "no hay mal que por bien no venga. No dejaremos que esta lloviznita nos arruine el día. Jugaremos para divertirnos."

Para divertirse, se inventaron un juego que llamaron Bufonadas del alfabeto.

Para unirte a ellos, dibuja una línea desde unos objetos de la ilustración hasta las letras iniciales de los nombres de los objetos.

Nombre:

Fecha:

Lecciones de lenguaje / Lectura—Nivel elemental
Copyright ©2003 de Incentive Publications, Inc.
Nashville, TN.

Sonidos iniciales

Selecciona un dibujo

Observa los dibujos en las casillas.

Dibuja un circulo alrededor de cualquier dibujo cuyo nombre no se inicie con una letra en esa casilla. Colorea los restantes dibujos.

1. M		
2. A		
3. P		
4. D		
5. C		
6. O		
7. B		
8. F		
9. T		
10. E		
11. G		
12. R		
13. L		
14. J		
15. U		
16. S		
17. N		
18. H		

Nombre:

Sonidos iniciales

Fecha:

Lecciones de lenguaje / Lectura—Nivel elemental
Copyright ©2003 de Incentive Publications, Inc.
Nashville, TN.

Una espléndida tela de araña

Spunky Spider está tejiendo una tela de araña muy especial.

Esta espléndida tela de araña está llena de palabras que contienen la combinación de consonantes "**sp**."

Encuentra y dibuja un círculo alrededor de 16 palabras en la casilla. Las palabras pueden aparecer de abajo a arriba, verticalmente hacia abajo u horizontalmente.

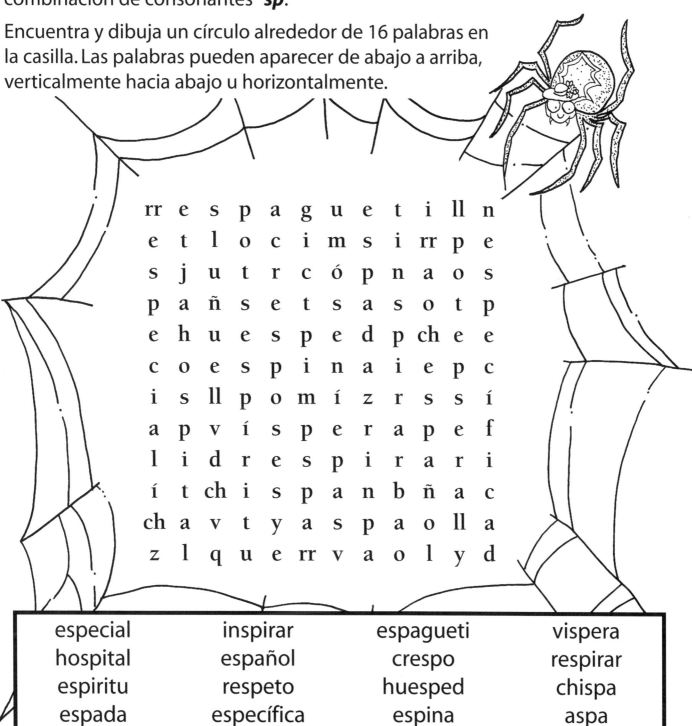

rr	e	s	p	a	g	u	e	t	i	ll	n
e	t	l	o	c	i	m	s	i	rr	p	e
s	j	u	t	r	c	ó	p	n	a	o	s
p	a	ñ	s	e	t	s	a	s	o	t	p
e	h	u	e	s	p	e	d	p	ch	e	e
c	o	e	s	p	i	n	a	i	e	p	c
i	s	ll	p	o	m	í	z	r	s	s	í
a	p	v	í	s	p	e	r	a	p	e	f
l	i	d	r	e	s	p	i	r	a	r	i
í	t	ch	i	s	p	a	n	b	ñ	a	c
ch	a	v	t	y	a	s	p	a	o	ll	a
z	l	q	u	e	rr	v	a	o	l	y	d

especial	inspirar	espagueti	vispera
hospital	español	crespo	respirar
espiritu	respeto	huesped	chispa
espada	específica	espina	aspa

Nombre:

Fecha:

Combinación de consonantes

Combinaciones secretas

Dibuja un círculo alrededor de cinco objetos en esta ilustración que empiecen en su nombre con la combinación de consonantes "*GR*."

Subraya cuatro cosas en esta ilustración que empiecen con la combinación de consonantes "*PR*."

Agrega dibujos de 2 objetos que empiecen en su nombre con la combinación de consonantes "*TR*."

Nombre:

Fecha:

Lecciones de lenguaje / Lectura—Nivel elemental
Copyright ©2003 de Incentive Publications, Inc.
Nashville, TN.

Un cómico jardín fonético

Colorea todas las **consonantes** de morado.

Colorea las **vocales** de rojo.

¿Cuántas flores fonéticas cómicas coloreaste? _____

Conocimiento y utilización de la fonética

La búsqueda de rimas

Completa con rimas.

Es un mejor cocinero
cuando utiliza un

_____ .

Puso su paleta
en la

_____ .

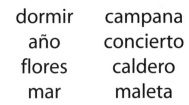

El perro color castaño
tiene más de un

_____ .

Favor de tocar la

_____

mañana por la mañana.

Se fue a cenar
cerca del

_____ .

Pienso ir
después de

_____ .

En el _____
me mantuve despierto.

Mira los colores
variados de las

_____ .

Nombre: _____

Fecha: _____

Reconocimiento de palabras que riman

Las rimas en la línea

Pon una palabra en la línea
¡para que rime!

Llevo mi chamarra

y toco mi _____ .

Hay que ser muy discreto

para guardar un _____ .

Siempre gana

cuando corre la _____ .

Los buhos beben el té

juntos por la _____ .

Para decirte "Te amo!"

a las diez te _____ .

La mamá del grajo dió a su crío

su gorra para que no tuviera

_____ .

Reconocimiento de palabras que riman

Las luces y cruces

Para resolver el dibujo abajo y para encontrar la ilustración ahí escondida, lee las frases que siguen y sigue las instrucciones.

1. Si **cojo** rima con **rojo**, colora los espacios marcados #1.

2. Si **estrella** rima con **bella**, colora los espacios marcados #2.

3. Si **noche** rima con **nueve**, colora los espacios marcados #3.

4. Si **cielo** rima con **sopa**, colora los espacios marcados #4.

5. Si **mito** rima con **mapa**, colora los espacios marcados #5.

6. Si **luna** rima con **cuna**, colora los espacios marcados #6.

7. Si **brillo** rima con **grillo**, colora los espacios marcados #7.

8. Si **mirada** rima con **meta**, colora los espacios marcados #8.

9. Si **caja** rima con **como**, colora los espacios marcados #9.

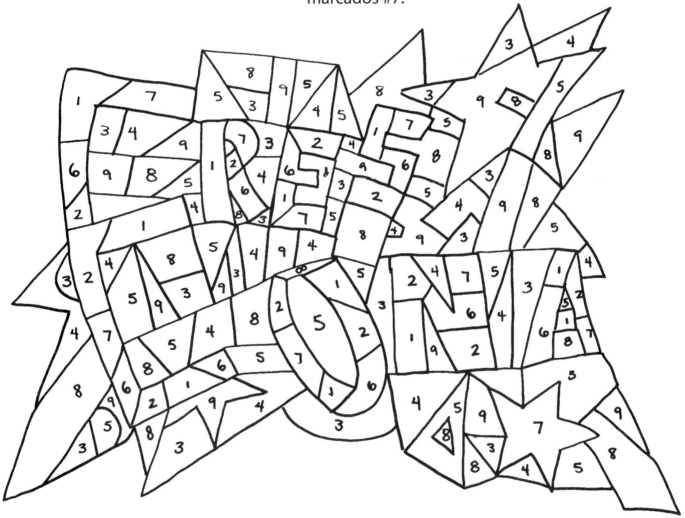

Nombre: _____ Fecha: _____

Reconocimiento de palabras que riman

Lecciones de lenguaje / Lectura—Nivel elemental
Copyright ©2003 de Incentive Publications, Inc.
Nashville, TN.

El tiovivo de prefijos

Traza una línea de cada prefijo en el Tiovivo de prefijos a una palabra en el centro del Tiovivo para formar nuevas palabras.

Pronuncia en voz alta las nuevas palabras.

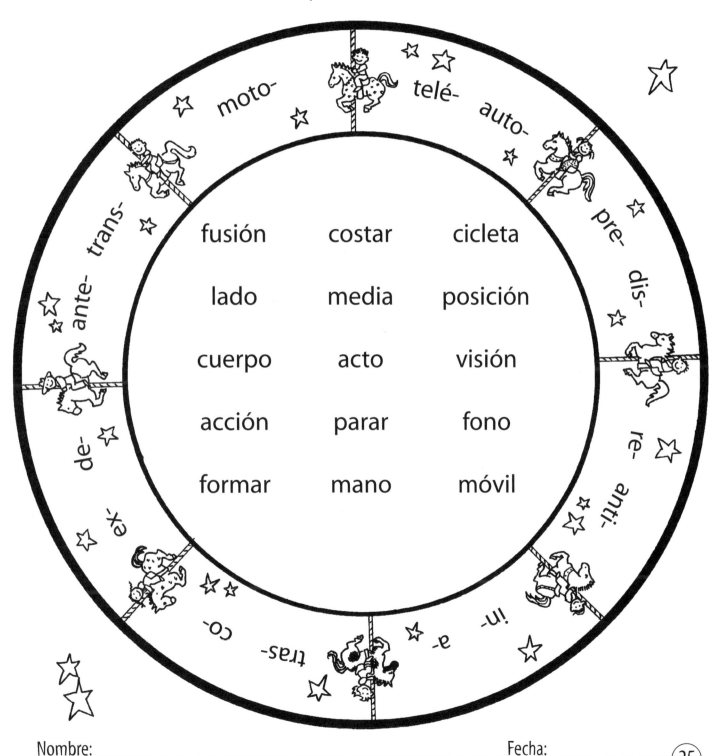

Nombre:

Fecha:

25

Lecciones de lenguaje / Lectura—Nivel elemental

Utilización de prefijos y sufijos

Copyright © 2003 de Incentive Publications, Inc.
Nashville, TN.

Los acentos

A continuación encontrarás una lista de frases sin los acentos correspondientes. Favor de colocarlos.

Me fui asi al campo, de madrugada.

Me fue muy bien en la excursion.

Mi maestra dice que entiendo bien el uso
de los acentos, la puntuacion y ortografia.

¡Caramba! Asi me grito la viejita al verme
caer desde lo alto del sillon.

Mientras mi hermanita
recien nacida mama,
mama mira la television.

Solo se que me siento
tan solo sin ti.

Solo se que pienso
tanto en ti.

¡Si! Si seguimos asi,
llegaremos a Mexico
a las cinco
de la tarde.

Nombre: _____

Fecha: _____

Utilización de los acentos

Lecciones de lenguaje / Lectura—Nivel elemental
Copyright ©2003 de Incentive Publications, Inc.
Nashville, TN.

El trompo de palabras compuestas

¡El trompo gira y vuelve a girar!
¡Traza un círculo alrededor de las palabras para hacerlo parar!

Busca y traza un círculo alrededor de 14 palabras compuestas
que se encuentran en el trompo.
Pronuncia en alta voz las palabras compuestas.

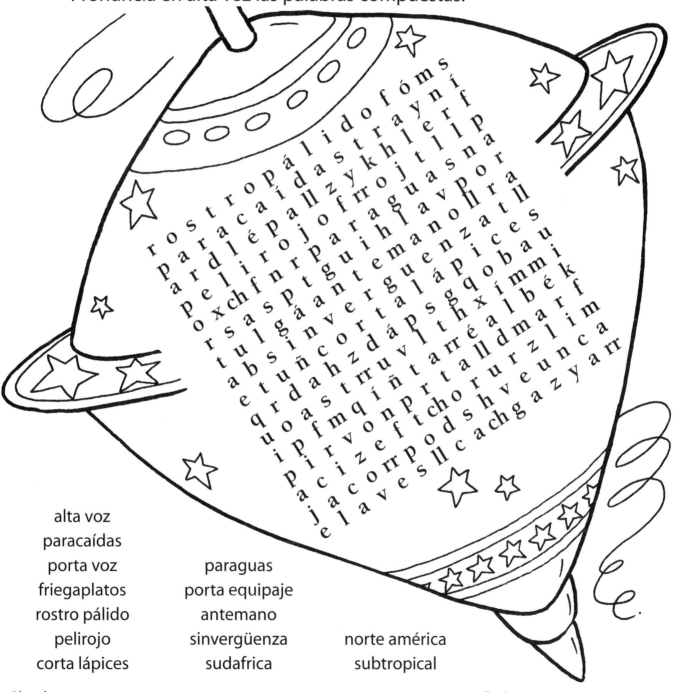

alta voz
paracaídas
porta voz   paraguas
friegaplatos   porta equipaje
rostro pálido   antemano
pelirojo   sinvergüenza   norte américa
corta lápices   sudafrica   subtropical

Nombre: Fecha: (27)

Utilización de palabras compuestas

Escoge los plurales

'Recoge' la flor en cada grupo que muestre más de un objeto.

Colorea de amarillo las flores que no muestren plurales.

Colorea de rojo las flores, si son plurales.

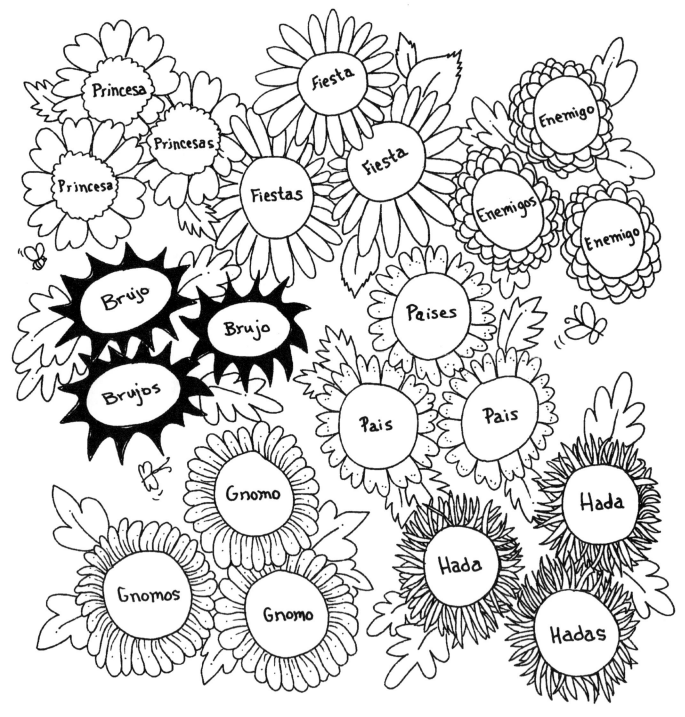

Nombre:

Fecha:

Interpretación de los plurales

Lecciones de lenguaje / Lectura—Nivel elemental
Copyright ©2003 de Incentive Publications, Inc.
Nashville, TN.

Dos de cada cosa

La mamá de las mellizas Caver está empacando sus maletas.

Van a visitar a su abuela.

Debido a que son dos bebitas, necesitarán dos de cada cosa.

Ayuda a su madre a cargar el coche escribiendo el plural de cada artículo.

cochecito . . . .

pañal

toallita húmeda

manta

traje

camisa

almohada

gorrito

sonajero

babero

conejito

chupete

botella

Lecciones de lenguaje / Lectura—Nivel elemental
Copyright ©2003 de Incentive Publications, Inc.
Nashville, TN.

La caja de música del duende

Hay 10 palabras escondidas en la caja de música del duende.
Lee la lista de palabras. Luego, búscalas y dibuja un círculo alrededor de ellas
    en la caja de música.
Las palabras aparecen verticalmente, horizontalmente y diagonalmente, pero
        nunca hacia atrás.

Palabras a encontrar:

banda	guitarra	melodía	radio	ritmo
compás	jazz	canturreo	palmada	canción
tambor		notas		vocalista

```
rr  b  j  b  é  g  y  s  v
o   c  a  n  t  u  rr e  o
c   o  z  n  o  i  r  z  c
a   m  z  ó  d  t  a  z  a
n   p  a  l  m  a  d  a  l
c   á  r  u  p  rr i  f  i
i   s  i  ñ  t  a  o  ñ  s
ó   ll t  a  m  b  o  r  t
n   y  m  e  l  o  d  í  a
d   n  o  t  a  s  g  u  ll
```

Nombre:

Vocabulario visual

Fecha:

Lecciones de lenguaje / Lectura—Nivel elemental
Copyright ©2003 de Incentive Publications, Inc.
Nashville, TN.

La diversión familiar

Escribe una palabra que te ayude a terminar cada una de las frases a continuación.
Descubre qué palabras necesitarás estudiando esta ilustración.

1. _____ está leyéndole a Joey.

2. Mamá está empujando el_____ .

3. Papá está colgando las toallas mojadas de la _____ .

4. Ethel y Arnold están jugando con la_____ .

5. _____ está trayendo limonada para todos.

6. El bebé está _____ profundamente.

7. Sue está leyendo un _____ .

8. La _____ está zumbando.

9. Es un bonito y _____ día.

10. A Katrina le encanta oir a abuela _____ .

Palabras a usar:

soleado

Abuela

libro

durmiendo

cortacésped

línea

Abuelo

leer

pelota

abeja

Nombre: _____

Fecha: _____

Sugerencias gráficas

Los jeroglíficos del Rey Wiseapple

El viejo mago del Rey Wiseapple fue víctima de uno de sus propios encantamientos y desapareció antes de poder resolver estos dos jeroglíficos. ¿Quieres ayudar al Rey Wiseapple a resolver estos jeroglíficos?

Observa las casillas de los jeroglíficos y trata de descifrarlos. Escribe tus soluciones en la línea despúes de cada bloque del jeroglífico.

1.000 − L ☝ − O + ITO   10 − EZ + **Z** − TA

_____

🪑 − LLA , 1.000 − L ☝ − O + ITO 10 − EZ + **Z** − TA

_____

🎹 − PIA . 7 − ETE , 7 − ETE , 7 − ETE , 7 − ETE , 7 − ETE .

_____

♫ − TA , ♫ − TA , ♫ − TA , ♫ − TA , ♫ − TA . o + $\frac{N}{S}$ **E**

_____

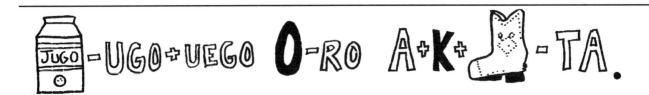

JUGO − UGO + UEGO **O** − RO A + **K** + 👢 − TA .

_____

El cuento del enano

Lee el siguiente cuento y dibuja un círculo alrededor de la palabra correspondiente a cada espacio en blanco.

La lluvia caía mientras el (torcido, feo) enanito se apresuraba por el estrecho callejón tan (rápidamente, pobre) como sus (frágiles, bravas) piernas podían llevale. Se movía (sigilosamente, ruidosamente) de puerta en puerta, esperando no ser (secreto, visto). Bajo la sencilla capa marrón que cubría su (plantado, torcido) cuerpecillo, cargaba un bulto (secreto, feliz) de gran valor.

Finalmente, llegó a la cabaña de un (ruidoso, pobre) labrador, en las afueras de la aldea. Cuidadosamente colocó el bulto en la puerta, golpeó seca y (ruidosamente, rápidamente) en la puerta, y se alejó antes de ser visto.

Cuando el labrador y su esposa abrieron la puerta, sólo vieron un bulto sobre el escalón. Viendo lo que era, la mujer lo arrebató y lloró lágrimas de (júbilo, tristeza), 'Oh, bendita sea el alma generosa y (valiente, culpable) que rescató a nuestro (hermoso, grande) bebé del castillo de la reina malvada. Seguramente la reina estaba celosa de la belleza de nuestro hijo y por eso se lo llevó. ¡Quien sea que nos lo haya devuelto es, en verdad, alguien muy noble!'

Nombre: _____   Fecha: _____

Indicios contextuales

Llena la canasta

¡Hurrah! Hoy es un día de merienda campestre.

Ayuda a llenar la canasta para la merienda campestre.

Marca el artículo en cada grupo que no pertenezca a la merienda campestre.

Dibuja algo en la canasta que te gustaría llevar a la merienda campestre.

Nombre:

Fecha:

Clasificación de palabras

Lecciones de lenguaje / Lectura—Nivel elemental

La confusión en el puesto de salchichas

¡Pobre del Sr. Giorgio! Está armando un puesto de salchichas para la feria campestre. Sin embargo, tiene un problema organizando equipos y suministros.

Ayúdale a decidir el lugar de cada cosa, rotulando las comidas con una gran **C**, y los equipos de cocina con una gran **E**.

Luego, en otra hoja, escribe un menú para el puesto de salchichas del Sr. Giorgio.

Nombre: _____ Fecha: _____

35

Lecciones de lenguaje / Lectura—Nivel elemental
Copyright ©2003 de Incentive Publications, Inc.
Nashville, TN.

Clasificación de palabras

Palabras reales

En cada grupo a continuación, elimina la palabra que no corresponda.

Escribe una frase explicando porqué no corresponde.

REY REINA ENFERMERA

PRÍNCIPE GATO PRINCESA

SARTÉN CASTILLA CORONA

PALACIO GRANERO JOYA

Nombre:

Fecha:

Clasificación de palabras

Lecciones de lenguaje / Lectura—Nivel elemental
Copyright ©2003 de Incentive Publications, Inc.
Nashville, TN.

Tarea escolar relacionada con los homónimos

Ayuda a Homero a terminar su tarea.

Escribe el homónimo correspondiente en el espacio contiguo a cada palabra.
(¡Encontrarás a los homónimos escondidos en la mochila!)

cerrar

sino

ola

tu

hecho

cesión

mas

se

sí

¿por qué?

tú

más

sé

si

porque

¡Hola!

si no

serrar

sesión

echo

Homónimos

Ilustra el significado

Dibuja una ilustración mostrando el significado de cada uno de los dichos a continuación.

Un pájaro en mano vale más que dos en la maleza.	Él está metido en un lío.
Temblaba en mis botas.	Centavo ahorrado, centavo ganado.

Nombre:

Fecha:

Interpretación y transmisión de los significados de palabras familiares

Lecciones de lenguaje / Lectura—Nivel elemental
Copyright ©2003 de Incentive Publications, Inc.
Nashville, TN.

Hacia el campo de batalla

Observa cuidadosamente la ilustración.

Selecciona una palabra de la lista para completar cada frase.

1. El sendero de los soldados es rocoso y _____ .

2. Hasta el pájaro grande parece _____ .

3. El gnomo _____ se está quedando atrás.

4. El segundo soldado parece más _____ que los otros dos.

5. El casco del soldado más alto está _____ .

6. La bandera es llevada _____ al campo de batalla.

7. Estos soldados tienen que ser muy _____ .

8. El perro parece _____ .

9. El cielo oscuro luce _____ .

Palabras a usar:

irritado
escarpado
orgullosamente
agresivo
al revés
amistoso
amenazador
malhumorado
valientes

Nombre:

Fecha:

Lecciones de lenguaje / Lectura—Nivel elemental
Copyright ©2003 de Incentive Publications, Inc.
Nashville, TN.

Reconocimiento de las relaciones entre las palabras

Duendes y diablillos

Llena cada uno de los espacios en blanco a continuación con la mejor descripción que encuentres en la lista de palabras.

1. Dicen que los duendes son criaturas malas y _____ .

2. Los duendes son descritos como pequeños, feos y _____ .

3. Se dice que a los duendes les gusta atormentar y _____ a sus víctimas.

4. El encuentro con un duende sería una experiencia _____ para la mayoría de los niños.

5. Se dice que los diablillos son espíritus _____ que hacen sólo cosas pícaras.

6. Los diablillos son criaturitas _____ a las que les gusta divertirse a costa de la gente.

7. El encuentro con un diablillo debe ser algo _____ y _____ .

8. En realidad, los duendes sólo son criaturas _____ .

Escriba dos frases describiendo un duende feliz.

9. _____

10. _____

Palabras a usar:

			inofensivas
problemáticos	aterrorizar	imaginativos	espantosa
amistosas	emocionante	interesante	crueles

Nombre: Fecha:

Utilización de palabras descriptivas

Lecciones de lenguaje / Lectura—Nivel elemental
Copyright ©2003 de Incentive Publications, Inc.
Nashville, TN.

¿Qué es qué?

Observa cuidadosamente los cuatro personajes simulados, a continuación. En las líneas contiguas a cada ilustración, escribe las cuatro palabras, que encontrarás en la lista, que mejor describan a esos personajes.

Además, agrega una palabra descriptiva, de tu invención, a cada una de las listas de palabras.

Palabras a usar:

hermoso   noble   fuerte

encantador   juguetón   delicado

imaginativo   rápido   refinado

valiente

disciplinado   corajudo   majuestoso

audaz   pequeñito   inofensivo

Lecciones de lenguaje / Lectura—Nivel elemental
Copyright ©2003 de Incentive Publications, Inc.
Nashville, TN.

Palabras descriptivas

Una bolsa de palabras

Usa tu diccionario en caso de que necesites ayuda para encontrar por lo menos 15 palabras para describir esta criatura.

Usa algunas de las palabras para escribir una frase que diga algo que crees que la criatura debería hacer.

1. _____

2. _____

3. _____

4. _____

5. _____

6. _____

7. _____

8. _____

9. _____

10. _____

11. _____

12. _____

13. _____

14. _____

15. _____

_____

_____

Nombre: _____

Fecha: _____

Palabras descriptivas

Lecciones de lenguaje / Lectura—Nivel elemental
Copyright ©2003 de Incentive Publications, Inc.
Nashville, TN.

Habilidades de comprensión y lectura independiente

¡Volando alto!

Pon el número del pájaro al lado de la frase que, a tu juicio, mejor describa sus pensamientos.

___ Me pregunto si podría volar tan alto.   ___ El bajar será un largo viaje.

___ El trabajo de una madre nunca se termina. ___ ¿Por qué abandonar ahora el nido?

Luego escoge uno de los cuatro pájaros y escribe un cuento acerca de él. Usa la frase que seleccionaste para describir los pensamientos de ese pájaro, como título del cuento.

Escribe tu cuento al dorso de esta página.

Nombre: _____   Fecha: _____

Asociación entre palabras y pensamientos

Lecciones de lenguaje / Lectura—Nivel elemental
Copyright ©2003 de Incentive Publications, Inc.
Nashville, TN.

¿A qué se te parece esto?

A veces, al decir una palabra, puedes imaginarte su aspecto.

Por ejemplo, cuando dices la palabra "calabaza" te la imaginarás más o menos de esta manera.

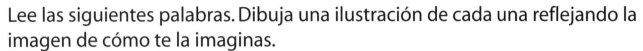

Lee las siguientes palabras. Dibuja una ilustración de cada una reflejando la imagen de cómo te la imaginas.

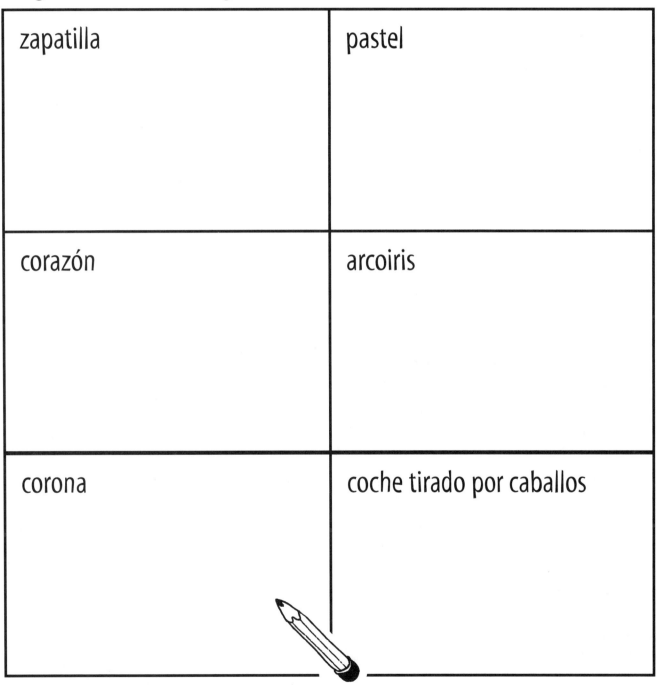

zapatilla	pastel
corazón	arcoiris
corona	coche tirado por caballos

Impresiones sensoriales

En medio de la noche

Imagínate despertándote en medio de una noche fría y lluviosa y encontrandote que todos los personajes de tu cuento de hadas favorito están danzando alrededor de tu habitación.

Dibuja una ilustración para mostrar dicha escena.

Nombre:

Impresiones sensoriales

Fecha:

Lecciones de lenguaje / Lectura—Nivel elemental
Copyright ©2003 de Incentive Publications, Inc.
Nashville, TN.

Por una ventana abierta

Mira por la ventana.

¿Cómo sabes que es el cumpleaños de la mamá? _____

_____

¿Qué edad tiene la mamá? _____ ¿Cómo descubriste esto? _____

_____

¿Cómo sabes qué tiempo hace afuera?_____

_____

¿Cuántas generaciones están representadas en esta fiesta? _____

¿Cuál es el pasatiempo familiar? _____

¿Cómo descubriste esto?_____

_____

Nombre:_____ Fecha:_____

Lecciones de lenguaje / Lectura—Nivel elemental
Copyright © 2003 de Incentive Publications, Inc.
Nashville, TN.

Asociación entre imágenes e ideas

Duendes en la ilustración

Estudia esta ilustración durante unos minutos.

Luego, cúbrela con una hoja de papel.

Completa las frases a continuación.
Luego descubre la ilustración para verificar tus respuestas.

1. Hay ____ duendes en la ilustración.

2. Hay ____ vasos sobre la mesa.

3. Hay ____ sillas en la ilustración.

4. La mesa está puesta para ____ personas.

5. La canasta está llena de _____ .

6. El duende más pequeño tiene un _____ en su sombrero.

7. Una duende tiene en la mano un cuchillo; otra tiene un_____

8. Un buen título para esta ilustración podría ser

_____

_____

Nombre:

Fecha:

*Recordación de información leída
y selección de hechos a recordar*

Lecciones de lenguaje / Lectura—Nivel elemental
Copyright ©2003 de Incentive Publications, Inc.
Nashville, TN.

Una memoria fructuosa

Observa cuidadosamente esta ilustración por sólo 2 minutos.
Luego cubre la ilustración con una hoja limpia de papel.

Escribe en el papel los nombres de tantas frutas como puedas recordar.
Prueba a escribir 11 frutas diferentes.

Ahora, dibuja cada fruta al lado de su nombre.
Luego, vuelve esta página y cuenta las frutas que te faltan por dibujar.

Nombre: _____

Fecha: _____

Lecciones de lenguaje / Lectura—Nivel elemental
Copyright ©2003 de Incentive Publications, Inc.
Nashville, TN.

Recordación de detalles de ilustraciones

¡Es un hecho!

Algunas de las frases a continuación enuncian **hechos**.
Esto significa que son verdaderas.

Otras de las frases expresan **opiniones**.
Esto significa algo que alguien cree,
aunque no sea necesariamente cierto.

Dibuja un círculo alrededor de
las frases que enuncien hechos.
Subraya las frases que expresen opiniones.

1. Roberto está seguro de ganar la carrera, mañana.

2. Hay por lo menos 9 planetas
   en nuestro sistema solar.

3. El mes de enero tiene 31 días.

4. Los pollitos nacen de los huevos.

5. Creo oir pasos fuera de mi ventana.

6. Angela es la mejor patinadora de la ciudad.

7. Los cuentos de monstruos son los mejores para leer.

8. Hay 7 días en cada semana.

9. La natación es el deporte más divertido.

10. Los puntos van al final de una frase
    'declaratoria'.

11. Sammy opina que el helado tiene tanto
    valor nutritivo como el brécol.

12. Las vacaciones en la playa son más divertidas que un
    viaje a una estación invernal con campo de esquí.

13. Doce huevos componen una docena.

14. El informe de Mary Ann en Asia fue mejor que el de Ken.

Lecciones de lenguaje / Lectura—Nivel elemental
Copyright ©2003 de Incentive Publications, Inc.
Nashville, TN.

Al estilo de Mamá Gansa

Subraya las palabras en las rimas de Mama Gansa descriptivas de lo que hizo el personaje principal.

Dibuja una ilustración para mostrar lo que piensas que sucedió después.

King Cole, el viejo monarca,
era el rey de la alegría,
era el rey de la comarca.
Traer su pipa, ordeño,
dio tres largas bocanadas
y a sus músicos llamó.

Miss Muffett, muy señorita,
en el jardín se sentó
para comer requesón
una araña muy atareada
a su lado apareció
y a Miss Muffett asustó.

Jack Horner quiso probar
su tarta de Navidad.
El dedo gordo metió
y una ciruela encontró.
"Sólo me puede pasar
por ser buen chico," pensó.

Nombre:

Fecha:

Lecciones de lenguaje / Lectura—Nivel elemental
Copyright ©2003 de Incentive Publications, Inc.
Nashville, TN.

Descubrimiento de la idea esencial

Kahlil el Pastor

Lee el cuento a continuación.

Subraya la frase que exprese el tema central de cada párrafo.

Un día, al caer la tarde, Kahlil el Pastor estaba sentando, observando su rebaño. Su trabajo consistía en cuidar de las ovejas de la aldea. Todos los días las llevaba a pastar. Todos los días, él y su fiel perro, Alí, las vigilaban, manteniendo alejados a los lobos y ayudando a las ovejitas enredadas en la maleza. Ese día habían estado muy ocupados y ahora todo estaba tranquilo y en calma.

De improviso, Alí empezó a ladrar y a gruñir. Kahlil saltó y se miró alrededor para descubrir la causa de la excitación de Alí. No vió nada, pero oyó un 'clip, clop, clip, clop.' Parecía un caballo trotando lentamente por el camino. Miró por el sendero y alcanzó a ver a un anciano caminando, dirigiendo a un viejo y cansado asno, detrás de él. El viejo parecía tan triste y el asno tan delgado que Kahlil sintió lástima por ellos.

Al alcanzar a Kahlil, este último saludó con la cabeza y dijo: 'Señor, usted parece estar cansado y con hambre, y así también su asno. Deténgase aquí y descanse un momento. Compartiré mi pan y queso con usted y su asno podrá pastar con mi rebaño, si me cuenta un cuento acerca de su viaje. Nunca he salido de esa aldea y me gustaría oir hablar acerca del resto de este amplio mundo. Usted parece haber visto mucho de él.'

Identificación de las frases con un tema central

Lecciones de lenguaje / Lectura—Nivel elemental
Copyright ©2003 de Incentive Publications, Inc.
Nashville, TN.

Una tempestad de primavera

Ilene y su familia estaban viajando en auto por todo el país.
Viajando un día, Ilene pidió a su madre encender el radio. Mientras
su madre sintonizaba una estación, llegó esta noticia.

*Aquí, la estación WKZR en Bean Blossom. Nuestra oficina de prensa
acaba de recibir información de que una monstruosa tempestad de
primavera se estará moviendo sobre nuestra zona desde el noroeste,
a razón de 60 kilómetros por hora, llegando a Bean Blossom dentro de la
próxima hora. Las escuelas y guarderías infantiles están mandando a casa
a sus estudiantes, antes de la llegada de la tormenta. Los negocios están
cerrando. Fuertes vientos con ráfagas de hasta 75 kilómetros por hora,
ventiscas de nieve, y aguanieve acompañarán esta tempestad, causando
una reducción en la visibilidad y condiciones adversas en las carreteras.*

*Se espera que la tempestad dure hasta mañana a mediodía.
Manténgase en sintonía con su estación WKZR, en Bean Blossom,
para información adicional acerca de esta borrasca en formación.
Mientras tanto, ¡regrese a casa y manténgase abrigado!*

Subraye sólo las partes más importantes de dicha noticia.
Luego, utilizando sólo los hechos, reescriba el boletín utilizando
un mínimo de palabras.

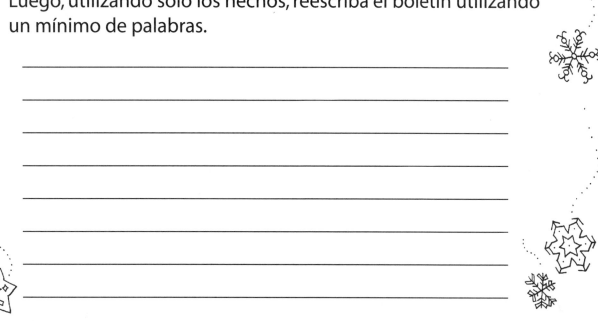

_____

_____

_____

_____

_____

_____

_____

_____

Nombre: _____   Fecha: _____   53

Lectura para captar detalles

Hechos extraños

Lee este aviso que apraeció en la Gaceta Interplanetaria de la Galaxia, y luego responda las preguntas a continuación.

¡Finalmente!
Una cabellera DEL OTRO MUNDO!!!

Si está loca por probarse el nuevo 'look' 'Corrientazo Solar' que está acabando con esta galaxia, ¡el champú **GOTAS LUNARES** es lo que necesita! Hasta el cabello más fino, triste y sin vida se le pondrá de punta con este maravilloso champú. Fabricado con una exclusiva combinación de finas partículas de acero imantado, el maravilloso champú **GOTAS LUNARES** ¡mantendrá cargada de electricidad su cabellera durante días!

Sólo $3.95 el frasco.

CHAMPÚ
GOTAS LUNARES

Vendido sólo en las mejores farmacias y en la cadena de tiendas Explosión Estelar.

1. ¿Qué está tratando de vendernos este aviso? _____

2. ¿Qué es lo que hace que este producto sea algo tan especial? _____

3. ¿Cuál es el nuevo 'look' que está de moda en la galaxia? _____

4. ¿En qué cadena de tiendas podrá comprarse? _____

5. ¿Cuánto cuesta el producto? _____

Lecciones de lenguaje / Lectura—Nivel elemental
Copyright ©2003 de Incentive Publications, Inc.
Nashville, TN.

¿Qué va en qué momento?

Esta tira cómica
está descompuesta.

Mira cuidadosamente
cada cuadro.

Escribe el número que
corresponda (1–4) en cada
marco, para que los cuadros
de la tira sigan la secuencia
correcta.

En las líneas a continuación,
escribe un cuento para
acompañar los cuadros.

Colorea las ilustraciones.

_____

_____

_____

_____

_____

_____

_____

_____

_____

_____

_____

Nombre: _____   Fecha: _____   55

Disposición de ideas o eventos en secuencia

Conclusiones reales

Termina los siguientes diagramas dibujando sus conclusiones en los espacios en blanco indicados.

Nombre:

Fecha:

Sacando conclusiones

Lecciones de lenguaje / Lectura—Nivel elemental
Copyright ©2003 de Incentive Publications, Inc.
Nashville, TN.

El cambio de cuento

Durante todo el verano, la cigarra bailó y cantó, disfrutando del sol cálido. Al llegar el invierno, cuando la tierra estaba desnuda, no tenía de qué comer.

Un frío día, la hambrienta cigarra vió a una hormiga cenando alegremente. "¿Dónde encontraste esa maravillosa comida?" le preguntó.

"**O**h," replicó la hormiga, "Siempre guardo comida en el verano, para tener de qué comer en el invierno."

"¿**P**odrías darme un poco de ella, para hacer que no me muera de hambre?" imploró la cigarra.

"**N**o, no lo haré," dijo la hormiga. "Bailaste y cantaste todo el verano, mientras yo trabajaba. Ahora, ¡sigue bailando y cantando todo el invierno!"

Escribe qué piensas que hubiera pasado si ...

1. La hormiga le hubiera ofrecido generosamente a la cigarra alguna comida.

_____

_____

_____

_____

2. La cigarra hubiera sido una ladrona y hubiera tratado de robarle comida a la hormiga.

_____

_____

_____

_____

Nombre: _____   Fecha: _____   （57）

Lecciones de lenguaje / Lectura—Nivel elemental
Copyright ©2003 de Incentive Publications, Inc.
Nashville, TN.

Sacando conclusiones

Concluir las conclusiones

Termina los siguientes diagramas 'leyéndolos' y dibujando sus conclusiones en los espacios en blanco indicados.

Nombre: _____

Fecha: _____

Sacando conclusiones

Lecciones de lenguaje / Lectura—Nivel elemental
Copyright ©2003 de Incentive Publications, Inc.
Nashville, TN.

La otra parte de la conversación

Escribe la otra mitad de cada conversación en el globo correspondiente.

Lecciones de lenguaje / Lectura—Nivel elemental

Copyright ©2003 de Incentive Publications, Inc.
Nashville, TN.

Distinción entre causa y efecto

Sólo porque ...

Las ilustraciones en ocho de estos círculos muestran algo que sucedió. Cada ilustración en los restantes ocho círculos muestra el resultado de lo sucedido. Traza líneas para conectar cada círculo de 'causa' con su correspondiente círculo de 'efecto'.

Selecciona un juego de círculos de 'causa y efecto' y úsalo como tema de una narración creativa.

Nombre:

Fecha:

Distinción entre causa y efecto

Lecciones de lenguaje / Lectura—Nivel elemental
Copyright ©2003 de Incentive Publications, Inc.
Nashville, TN.

¡Caramba, página equivocada!

Cancela las palabras que no correspondan en cada página de diccionario.

Utiliza las palabras clave para ayudarte a decidir qué palabras no concuerdan.

Agrega dos palabras a cada grupo concordante en cada página del diccionario.

Coro **cuna**

cara   coyote
correo crema
corto   chiste
cosa   cuarto
coste   cuna

leer

lejo
león
ley
libre
lana

listo

libro
lima
lápiz
lindo
lobo

media   **mozo** **pan**

mejor   mil
menor   mina   papa   **pues**
manta   meta   papel   piano
mapa   monte   peine   plato
melon   mosca   peor   perro
                 bello   por
                         prisa

se **suave** **hablar** **hora**

seco   sino   hacer   hierba
señora sala   hambre   hijo
ciego   sobre   hacia   hilo
siglo   sopa   hielo   hoja
silla   subir   hada   horno

La repostería A B C

Ayuda al Sr. Edwards a poner en orden su nueva repostería.
Sitúa los artículos de los anaqueles en el orden alfabético correcto,
escribiendo sus nombres en las líneas debajo de cada anaquel.

Panecillos: salvado; maíz; arándano
Buñuelos: arce; rellenos de crema; mermelada
Pasteles: pacana; calabaza; manzana

Tortas: zanahoria; piña; coco
Galletas: mantequilla de maní; azúcar; chocolate
Pan: centeno; trigo; pasas

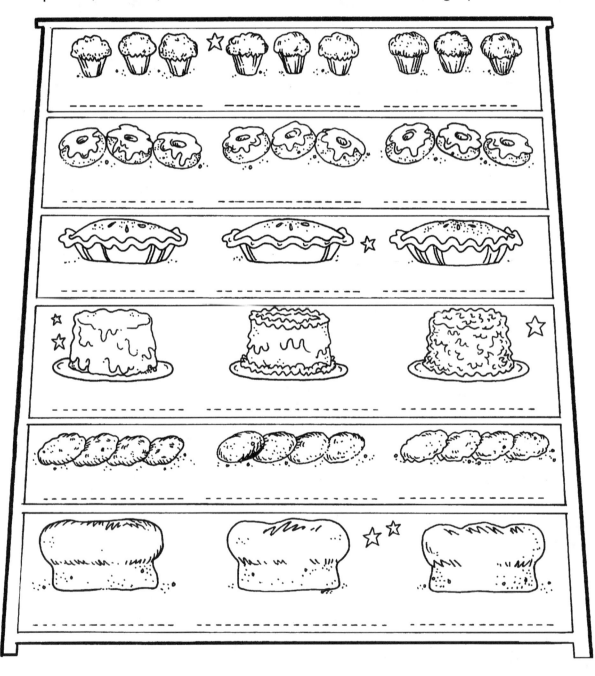

Nombre:

Fecha:

Orden alfabético

Lecciones de lenguaje / Lectura—Nivel elemental
Copyright ©2003 de Incentive Publications, Inc.
Nashville, TN.

Un enigma marsupial

¿Sabes lo que significa la palabra **marsupial**?

Es el nombre de un tipo muy especial de animales que tienen bolsas para cargar a sus crías y que por lo regular viven en Australia. El koala es un tipo de marsupial.

Para descubrir el koala escondido, corta los cuadrados en la mitad inferior de esta página. Júntalos hasta descubrir a este simpático animalito profundamente dormido, acurrucado y colgando de un árbol de eucalipto. Pega los cuadrados en los espacios correspondientes, a una página en blanco. Colorea tu enigma, al terminarlo. Entonces busca un libro que te ayude a aprender algo más acerca de éste y otros marsupiales de los que viven en Australia.

Nombre:

Fecha:

Utilización de fuentes de referencia y de recursos múltiples

Punteros de la puntuación

¡Apunta hacia lo que sabes!

Llena el crucigrama para mostrar tus conocimientos de puntuación.

Horizontal

2. Usa _____ para separar las palabras componentes de una serie.

3. Los _____ se escriben al final de una frase declarativa.

5. Cuando una frase pregunta algo, un _____ de interrogación es colocado al principio y final de la misma.

6. Al escribir algo exactamente como alguien lo dijo, hay que poner _____ alrededor de lo dicho.

Vertical

1. Las frases que expresan emoción y entusiasmo se inician y terminan con un punto de _____.

3. Se colocan dos _____ al inicio de una serie de elementos en una frase.

4. Cada _____ debe tener un verbo y un sujeto.

Nombre:

Fecha:

El plano para un avión de papel

Marla estaba aprendiendo a hablar inglés.

Joe preparó este plano para que lo siguiera y fabricara un avión de papel.

Vé y sigue el diagrama para hacer el avión de papel.

Al terminar, decora tu avión y mándalo a volar.

Siguiendo instrucciones

Una ensalada de frutas

Sigue estas instrucciones para completar el cartel de la 'Ensalada de frutas'.
Necesitarás un lápiz y algunas barritas para colorear.

1. Escribe tu nombre debajo de la canasta.

2. Dibuja otra hoja en el tallo de la manzana.

3. Colorea de rojo la manzana y de verde el tallo de las hojas.

4. Escribe los nombres de tres otras frutas que no aparacen en el dibujo.

5. Pon la pera a sonreir.

6. Utiliza tu lápiz para agregar suficientes uvas como para completar una docena.

7. Escribe cuatro palabras sobre la banana describiendo su sabor.

8. Dibújale un mango a la canasta.

9. Usa tu barrita de colores favorita para dibujar un gran lazo en el mango.

10. Colorea todas las frutas.

11. Escribe una receta de ensalada de frutas, en la otra cara de esta página.

Nombre:

Fecha:

Siguiendo instrucciones

Lecciones de lenguaje / Lectura—Nivel elemental
Copyright ©2003 de Incentive Publications, Inc.
Nashville, TN.

Después de la lluvia

Usa los colores rojo, verde, amarillo, morado, dorado y azul para colorear esta ilustración—¡Hay aquí un secreto, sólo para tí!

Colorea de rojo los espacios con el #1.   Colorea de morado los espacios con el #4.

Colorea de verde los espacios con el #2.   Colorea de azul los espacios con el #5.

Colorea de amarillo los espacios con el #3.   Colorea de naranja los espacios con el #6.

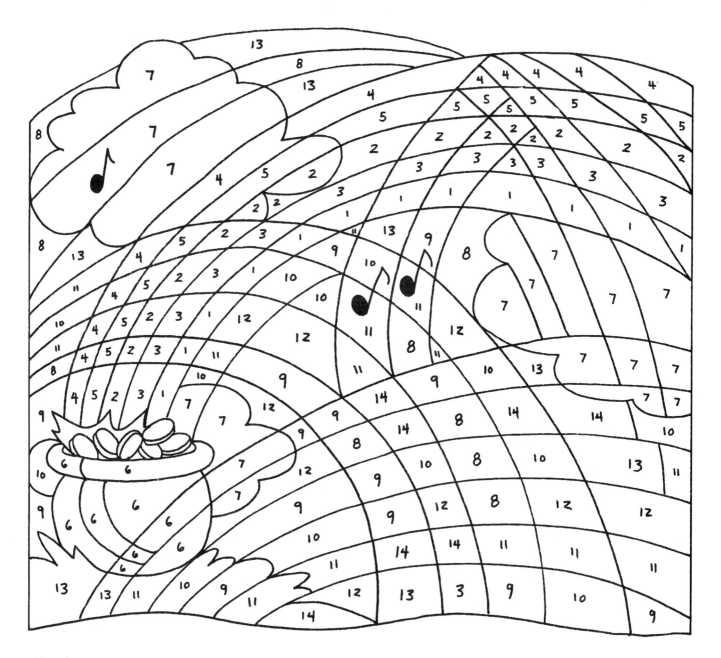

Siguiendo instrucciones

Joyas dignas de una reina

El jefe de diseñadores del taller de joyería de la Reina está teniendo un mal día.

Las instrucciones para fabricar las joyas más bellas están desordenadas.

Lee las instrucciones y luego numéralas según el orden correcto en el que deberían de seguirse.

¿Qué usar?

agua

aguja

hilo

semillas de calabaza

colorante rojo y verde de comida

2 pequeños frascos con sus tapas

toallas de papel y/o diarios

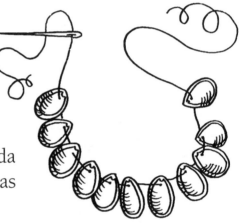

_____ Engarza tu aguja y haz un nudo al final del hilo.

_____ Desparrama las semillas sobre un papel, para que se sequen.

_____ Agrega $\frac{1}{2}$ cucharadita de agua a cada frasco.

_____ Pon algunas semillas en cada uno de los dos frascos. Pon algo de colorante rojo de comida en un frasco y un poco de verde en otro frasco.

_____ Agita los frascos hasta que las semillas se tiñan con el colorante.

_____ Lava las semillas de calabaza y sécalas con toallas de papel.

_____ Engarza las semillas en varios largos, para confeccionar joyas para la Reina. Podrás confeccionar collares o brazaletes originales y exclusivos.

Un granero atareado

Para entender las siguientes instrucciones, deberás antes averiguar dónde termina una palabra y la otra comienza. Al hacer esto, escribe las instrucciones en el espacio a continuación. Síguelas para completar el 'Granero atareado.'

Dibuj aunamon tañad etrásd elgran ero. Añ adeunapuer taydosv entan asalotr oladod elgran ero. Dib ujad osvac asuncab alloyse isgalli nasalred edord elg ranero. Aña detr esmá sanim alesal aescen adelgr anero.

_____

_____

_____

Lecciones de lenguaje / Lectura—Nivel elemental
Copyright ©2003 de Incentive Publications, Inc.
Nashville, TN.

Siguiendo instrucciones

Conoce tu diario

Usa un ejemplar del diario de hoy para completar las frases a continuación.

Las Noticias del Pueblo

VOL 30   NÚMERO 40   75¢

ESTA SEMANA
- Los Deportes
- La Comunidad
- Los Anuncios

1. El nombre completo del diario es

_____

_____ .

2. El diario tiene la fecha de _____ .

3. El diario tiene _____ páginas.

4. El artículo más importante de la primera página es acerca de

_____

_____ .

5. La sección del diario de mayor interés para mí es

_____ .

Toma de notas de la lectura

Lecciones de lenguaje / Lectura—Nivel elemental
Copyright ©2003 de Incentive Publications, Inc.
Nashville, TN.

La investigación de un animal

Selecciona un animal del cual quisieras saber más.

Usa dos libros de la biblioteca para ayudarte a saber más acerca de este animal.

Toma notas a continuación y comparte tu información con tu maestro
o papá o mamá.

Nombre del animal _____

Títulos de los libros

1. _____

2. _____

Descripción del animal _____

_____

Lugar donde vive el animal _____

_____

Aspecto de este animal _____

_____

Comidas preferidas de este animal _____

_____

Otros hechos interesantes _____

_____

_____

_____

Nombre: _____ Fecha: _____

*Determinación de las fuentes de referencia a
utilizar, y utilización de recursos múltiples*

La historia de Ari

Lee la historia de Ari.

Subraya las tres frases claves indicativas del tema de la historia.

Dibuja un círculo alrededor de la frase indicativa de cómo se siente Ari con su nueva escuela.

Luego selecciona un buen título para la historia y escríbelo en la línea del título.

_____

Ari halló muy interesante su primera semana de clases. Algo que la hizo tan interesante fue que se trató de su primera semana viviendo en su nuevo país. Los días que pasó en el buque, a través de los mares, el largo viaje en tren, y luego en autobús hasta esta ciudad, están todavía frescos en su memoria. El gran edificio de ladrillos, con las que parecían ser mil ventanas, era muy diferente al de su vieja escuela. Su patria de origen parecía tan lejana. Las palmas, los dátiles y naranjos, y la escuelita a la que una vez asistió eran sólo recuerdos. Y, sin embargo, tantas cosas parecían iguales. A pesar de este nuevo idioma, Ari entendió bien las ofertas de ayuda de sus compañeros. Entendió bien las sonrisas e instrucciones acerca de las lecciones y las tareas escolares. En el campo de juego, los juegos eran

diferentes, pero las risas de sus compañeros de equipo al patear el balón le parecieron familiares. En la clase de música aprendió nuevas canciones, pero las tonadas le parecieron también familiares. Y lo mejor de todo fue que estos nuevos amigos parecieron interesados en saber más acerca de su viejo país y su vieja escuela. Ari llegó a la conclusión que esta nueva escuela sería, después de todo, algo muy bueno.

Nombre: _____

Fecha: _____

Leer para entender

Lecciones de lenguaje / Lectura—Nivel elemental

Conviértete en un pájaro cazador de palabras

Así como los pájaros andan siempre buscando lombrices, los buenos lectores necesitan constantemente descubrir y aprender palabras nuevas y emocionantes.

Al leer esta semana, busca nuevas palabras hasta ahora desconocidas para tí, antes de agregarlas a tu vocabulario vocal, de lectura y escritura.

Escribe estas nuevas palabras en las líneas a continuación.

_____   _____   _____

_____   _____   _____

_____   _____   _____

_____   _____   _____

_____   _____   _____

_____   _____   _____

_____   _____   _____

_____   _____   _____

_____   _____   _____

_____   _____   _____

Nombre: _____   Fecha: _____

Lecciones de lenguaje / Lectura—Nivel elemental
Copyright ©2003 de Incentive Publications, Inc.
Nashville, TN.

Ampliación del vocabulario

Una carta al autor

Selecciona un libro de tu gusto. Escribe una carta a su autor.

Indica al autor el nombre del libro seleccionado, lo que te gusta del libro, y lo que hubieras cambiado si hubieras sido el autor.

Comparte tu carta con tu maestro o bibliotecario y pide ayuda en averiguar la dirección postal del autor. ¡Envíale tu carta!

Estimado _____ ,

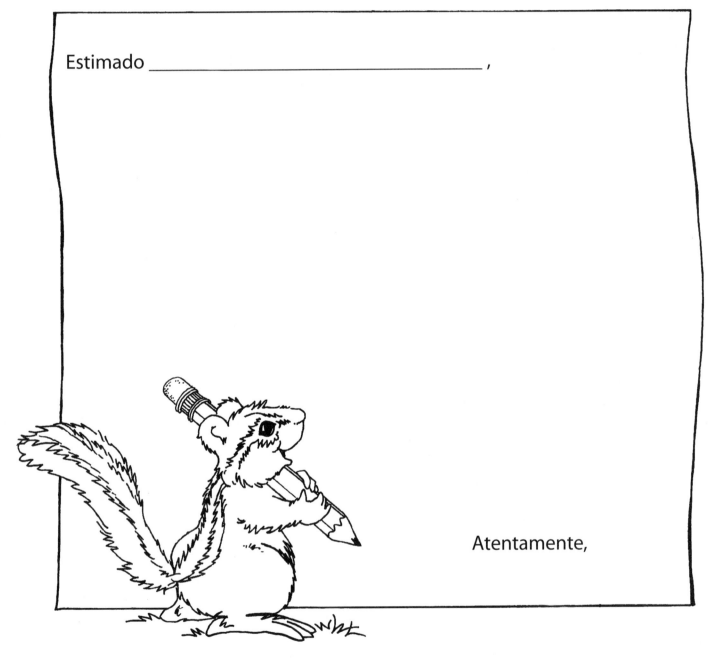

Atentamente,

Desarrollo de la apreciación e independencia en la lectura

El apéndice

Libros leídos por _____

Mantén un registro de tus lecturas, escribiendo los títulos de los libros que vayas leyendo.

Pídele a un amigo que compita contigo para ver quién termina primero su lista de libros para leer.

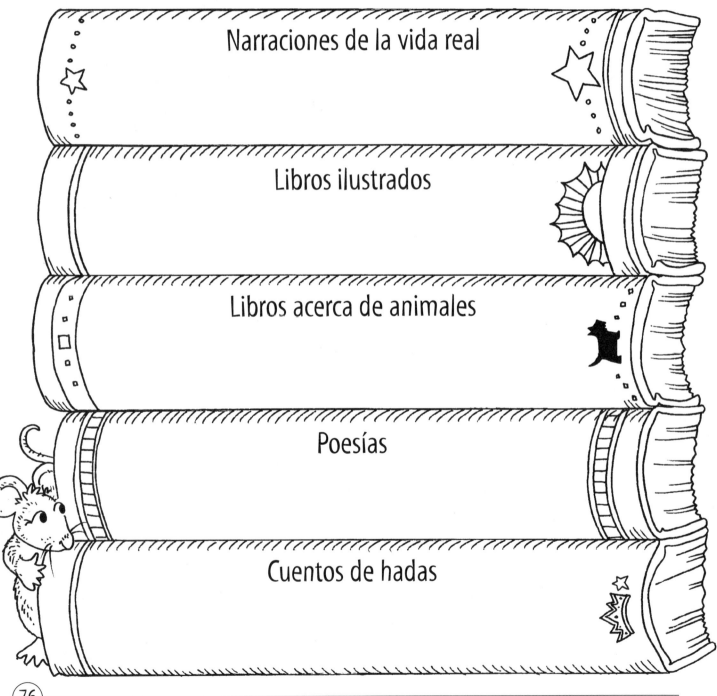

Narraciones de la vida real

Libros ilustrados

Libros acerca de animales

Poesías

Cuentos de hadas

Lecciones de lenguaje / Lectura—Nivel elemental

La clave de respuestas

Página 12

Los estudiantes deben encontrar una diferencia en los siguientes:

1. ventanas
2. tejas
3. chimeneas
4. puertas
5. ventanilla en la puerta
6. luz/falta de luz encima de la puerta
7. revestimiento exterior en la cima de la casa
8. cimientos de ladrillo, no de piedra
9. el porche
10. molduras de la casa

Página 14

1. Notas	7. Trozos	13. Alfombras
2. Locos	8. Panes	14. Cachorros
3. Fines	9. Pájaros	15. Anaqueles
4. Ajíes	10. Escolares	16. Latas
5. Nosotros	11. Mamás	17. Abrazos
6. Ellos	12. Cortes	18. Gordos

Página 16

Se debe dibujar un círculo alrededor de los siguientes:

1. brocha	7. Televisión	13. Luna
2. Tienda	8. Calcetín	14. Teléfono
3. Conejo	9. Pez	15. Zanahoria
4. Corazón	10. Tijeras	16. Hormiga
5. Hoja	11. Bastón	17. Confitura
6. Clavo	12. Globo	18. Paleta

Página 17

rr	e	s	p	a	g	u	e	t	i	ll	n
e	t	l	o	c	i	m	s	i	rr	p	e
s	j	u	t	r	c	ó	p	a	n	o	s
p	a	ñ	s	r	e	t	s	a	s	t	p
e	h	u	e	s	p	e	d	p	o	e	e
c	o	e	s	p	i	n	a	i	ch	p	c
i	s	ll	p	o	m	í	z	r	e	s	í
a	l	p	v	í	s	p	e	r	a	p	f
l	i	d	r	e	s	p	i	r	a	r	i
í	t	ch	i	s	p	a	n	b	ñ	a	c
ch	a	v	t	y	a	s	p	a	o	ll	a
z	l	q	u	e	rr	v	a	o	l	y	d

Página 18

Se puede dibujar un círculo alrededor de los siguientes (se debe dibujar un círculo alrededor 5 de ellos):

GRANJA	GRACIAS	GRATIS
GRAJO	GRILLO	GRITO
GRIFO	GRANO	

Se puede subrayar los siguientes (se debe subrayar 4 de ellos):

PRADO	PREMIO	PROVECHO
PRECIO	PRIMERO	PROBAR
PREGUNTA	PREÑADA	PRONTO

Verificar que lost estudiantes han añadido dos objects que empiecen en su nombre con la combinación de consonants "TR."

Página 19

Seis flores

Página 20

caldero	año	mar	concierto
chamarra	campana	dormir	flores

Página 21

familia	niño	pavor	soñar	oro	secreto

Página 22

Rimas: 1; 2; 6; 7

Página 23

Miguel el Mago cree que las montañas son mágicas.
Es emocionante contemplar el valle ahí abajo.

Página 24

callarse	madrastra
comérmelo	grandote
irse	potrillo
enviable	pequeñito

La clave de respuestas

Página 25

teléfono	anticuerpo	exacto
automóvil	informar	deparar
previsión	acostar	antemano
disposición	traslado	transfusión
reacción	comedia	motocicleta

Página 26

Me fui así al campo, de madrugada.

Me fue muy bien en la excursión.

Mi maestra dice que entiendo bien el uso de los acentos, la puntuación y ortografía.

¡Caramba! Así me gritó la viejita al verme caer desde lo alto del sillón.

Mientras mi hermanita recién nacida mama, mamá mira la televisión.

Sólo sé que me siento tan solo sin ti.

Sólo sé que pienso tanto en ti.

¡Sí! Si seguimos así, llegaremos a México a las cinco de la tarde.

Página 27

```
r o s t r o p á l i d o f ó m s
p a r a c a í d a s t r a y n í
a r d l é p a l l z y k h l e r f
p e l i r o j o f r r o j t l l p
o x c h f n r p a r a g u a s n a
r s a s p t g u i h l a v p o r a
t u l g á a n t e m a n o l l r l
a b s i n v e r g ü e n z a t l l
e t u ñ c o r t a l á p i c e s s
q r d a h z d á p s g q o b a u i
u o a s t r r ü v l t h x í m m k
i p f m q í ñ t a r r é a l b é r f
p i r v o n p r t a l l d m a r i m
a c i z e f t c h o r u r z l i m
j a c o r r p o d s h v e ü n c a
e l a v e s l l c a c h g a z y a rr
```

Página 28

Averiguar que los estudiantes han identificado correctamente los plurales.

Página 29

cochecitos …	pañales …	
toallitas húmedas		
mantas …	trajes …	
gorritos …	almohadas …	camisas …
sonajeros …	conejitos …	baberos …
chupetes …	botellas …	

Página 30

```
rr  b  j  b  é  g  y  s  v
o  c  a  n  t  u  rr e  o
c  o  z  n  o  i  r  z  c
a  m  z  ó  d  t  a  z  a
n  p  a  l  m  a  d  a  l
c  á  r  u  p  rr i  f  i
i  s  i  ñ  t  a  o  ñ  s
ó  ll t  a  m  b  o  r  t
n  y  m  e  l  o  d  í  a
d  n  o  t  a  s  g  ü  ll
```

Página 31

1. Abuela
2. cortacesped
3. línea
4. pelota
5. Abuelo
6. durmiendo
7. libro
8. abeja
9. soleado
10. leer

Página 32

1. Tengo manita, no tengo manita, porque no tengo desconchabadita.

2. Midedito dice sí, mi dedito dice no; sí, sí, sí, sí, sí; no, no, no, no, no; este juego se acabó.

Página 33

feo	sigilosamente	secreto	júbilo
rápidamente	visto	pobre	valiente
frágiles	torcido	ruidosamente	hermoso

Página 34

Cosas que no pertenecen:

el texto de matemáticas, los quantes, la bombilla, el martillo, los lápices, las tijeras

Lecciones de lenguaje / Lectura—Nivel elemental
Copyright © 2003 de Incentive Publications, Inc.
Nashville, TN.

La clave de respuestas

Página 36

Palabras que no pertenecen:
   enfermera, cachorro, sartén, granero
Las frases variarán.

Página 37

serrar, si no, ¡Hola!, tú, echo, sesión, más, sé, si, porque

Página 39

1. escarpado	4. amistoso	7. valientes
2. agresivo	5. al revés	8. irritado
3. malhumorado	6. orgullosamente	9. amenazador

Página 40

1. crueles	4. espantosa	7. interesante,
2. problemáticos	5. inofensivos	emócionante
3. aterrorizar	6. amistosas	8. imaginativos

Página 44

   1, 4, 2, 3

Página 48

1. cuatro	4. dos	7. cuchara
2. tres	5. manzanas	8. Las respuestas
3. cuatro	6. mariposa	variarán

Página 50

Hechos: 2, 3, 4, 8, 10, 13
Opiniones: 1, 5, 6, 7, 9, 11, 12, 14

Página 54

1. Champú Gotas Lunares
2. acero imantado
3. 'corrientazo solar'
4. Tiendas Explosión Estelar
5. $3.95 el frasco

Página 62

Panecillos:	salvado; maíz; arándano
Buñuelos:	arce; mermelada; rellenos de crema;
Pasteles:	calabaza; manzana; pacana
Tortas:	piña; coco; zanahoria;
Galletas:	azúcar; chocolate; zanahoria;
Pan:	centeno; pasas; zanahoria

Página 63

Página 64

Horizontal
   2. coma
   3. puntos
   5. comillas
   6. signo

Vertical
   1. exclamación
   3. períodos
   4. oración

Página 69

Dibuja una montaña detrás del granero. Añade una puerta y dos ventanas al otro lado del granero. Dibuja dos vacas, un caballo y seis gallinas alrededor del granero. Añade tres más animales a la escena del granero.